All About Love

Kuch Baatein Ankahi Si

Jatin Shivdasani

BookLeaf Publishing
India | USA | UK

Made with ❤ on the BookLeaf Publishing Platform

www.bookleafpub.in

www.bookleafpub.com

Dedication

To everyone who has ever loved.

Preface

Pyaar, ek aisi cheez jo har kisi ne mehsoos toh ki hai, par shayad kabhi poori tarah samjhi nahi. Kabhi yeh ek hassi mei chupa milta hai, kabhi kisi ki aadaton mein, aur kabhi kisi ki aankhon mei. Iss kitaab mein maine pyaar ke unhi rangon ko sametne ki koshish ki hai.

Toh agar aapne kabhi kisi se dil lagaya hai, kisi ki aadat daal li hai, ya sirf ek muskurahat mein apni poori duniya dekhi hai, toh shayad ye kitaab aapko apni si lage. Aur agar kabhi pyaar ko shabdon mein dhoondhne ka mann kare, toh shayad yahan kahin uska ek tukda mil bhi jaye.

Acknowledgements

This book wouldn't have been possible without the people who have shaped me, supported me, and believed in me even when I doubted myself.
To my parents: Thank you for your unconditional love and for always being my safe place. Your strength and kindness have been my greatest lessons.
To those who have stood by me, encouraged me, and reminded me why I write: Your words and presence mean more than you know.
And to life itself: For teaching me love, hurt, and everything in between. For every moment that made me feel deeply, for every heartbreak that turned into poetry, and for every love that never needed words, I am grateful.
This book is a piece of my heart, and I hope it finds a place in yours.

Tasveer

Kamal hai na kabhi kabhi ek choti si cheez kitne kisse wapis le aati hai.

Abhi haali mei, mein humari puraani baatein padh raha tha,

Maano unn beetein lamho ko wapis jeene ki koshish kar raha hu.

Tabhi humari ek tasveer haath lagi.

Kitni khush thi tum uss din.

Asal mei meine tumhe dukhi shayad hi kabhi dekha hoga.

Tumhari har baat par muskurake dekhna, shayad ek wajah thi, ki tumhe bhulna itna aasaan nahi tha.

Yaad hai, kaise tum kisse sunaate sunaate unhi mei khojaya karti thi.

Hothon se zyada, apni aankhon se muskuraya karti thi.

Aur sharmane ki jagah, apni aankhein aese badi karleti thi, jese kitni naadan ho tum haina?

Aur phir baat baat par roothnaa tumhara, maano mere manane ki aadat si hogyi thi tumhe.

Aur phir achanak hi kabhi puchliya karti thi ki mei kyu?

Jese jawab mei kuch aesa sunna chahti ho jisse woh dil
judjaye jo ek baar kisi ne jhooth se toda tha,
Jisse woh mann shaant hojaye jo har raat bechain hokar
sota hai.
Kaash mei yeh uss waqt samjh pata.
Meine bhi tumhari aankhon ko kasoor dediya, jese usne
diya tha.
Meine bhi boldiya muskurahat mei dil basta hai tumhari,
jese uska kara karta tha.
Yeh sunkar tumhari aankhein nam hogyi,
Par tumne phir usse nazarandaaz karke, hasske kuch
nahi kaha.
Kaash uss din, kaash uss din meine keh diya hota,
Ki aankhon se nahi jazbaaton se pyaar karta hu tumhare,
Muskurahat pe nahi baaton par marta ho tumhari
Tumhare beparwah jeene se, bewajah gaane se aur
bewaqt pyaar ka izhar krne se mohabbat hogyi hai
mujhe.
Shayad tab, shayad tab tum rukjati.
Ab tumhara chehra kisi aur ke liye muskurata hai,
Tumhare gaane ke sur koi aur sudhaarta hai,
Aur tumhara haath koi aur thaamta hai.
Mujhe isse koi shikayat nahi hai, bas ek darr hai
Jo galti meine kari,
Woh na kare.

Little Things

You don't fall in love with her when you propose to her.
Or the first time you kiss.
Or on your first anniversary.
You fall in love with her in between those big moments.
You fall in love with her while wiping her coffee
mustache on a random date,
Or when she secretly removes veggies from her pizza
slice and puts it on yours and then smiles innocently,
Or when you notice her little snort while she is laughing
her heart out.
There is nothing inherently special about these moments,
yet they are the ones that stay with you in the end.

Haseen Shyam

Woh ek haseen shyam ki baat hai,
baadalon ne sooraj ko kahi chupa sa liya tha,
aur halki halki baarish ne maano delhi ki garmi ka rukht
hi badal gaya tha.

Roz ki tarah, mei aur woh chai ki tapri par baithkar, apne
din ke baare mei shikayat kar rahe the.
Woh apni zindagi ke chote chote dard jese yeh chai kitni
thandi hai, bayaan kar rahi thi
aur mei uski shikayat karne ki aadat ki, shikayat kar
raha tha.
Sab wesa hi tha jesa roz hota tha.

Phir achanak se baarish ki raftaar tez hogyi.
Usse baarish kuch khaaas pasand nahi thi par uss din
woh idhar udhar bachne ki jagah wahi thehergyi.
Meine uss dafa pehli baar usse yunh befikra bheegte hue
dekha.

Maano apni saari shikayetei bhulaakar woh bas uss pal

mei jeerhi thi.
Uss din mujhe woh ehsaas hua jisse mehsoos karne mei
meine kaafi der kardi thi.
Usse roz baat krna ek anjaan aadat nahi, meri zaroorat
thi. Woh sirf meri dost nahi, mera adhoora hissa thi.
Mujhe pyaar hogya tha.

Jab meine yeh apne dost ko bataya toh woh hassne lag
gaya ki aese thodi hojata hai pyaar, saalo lagjate hai.
Par yaar, pyaar jagah aur samay thodi dekhta hai, woh
toh bas hojata hai na.

Uski zulfe jab uski jhukhi hui nazro par girti thi,
uski hassi jab pure din ki thakaan mitadeti thi,
mann karta tha jaau aur kardu izhaar apne pyaar ka aur
dedu naam iss benaam rishte ko.
Par beech raste, humesha ek khauf rokdeta tha.
Kya yeh izhaar ki wajah se dosti tootna bardasht hai?

Uski aankho ko apna thikhana aur uski baaho ko apna
ghar maan sa liya tha humne,
aur jab jab alvida kehte samay woh gale lagati thi,
mann krta tha rokdu iss lamhe ko aur batadu usse ki yeh
uns nahi, mohabbat hai.
Tu sirf meri dost nahi, meri ankahi chahat hai.

Aur phir woh din aaya, jis din sara darr hatakar meine

thhanlia ki aaj usse apna banakar rahunga.
Sabse acha dost hu, usse usse behtar janta hu.
Mana karne ka bahana hi kya hoga?

Aur puri taiyari ke sath meine usse ussi dhabhe par
bulaya.

Woh jese hi pahonchi usne pucha
Kya hua aesi kya baat hui jo itni.jaldi mei bulaya?
Tum baitho toh meine kaha.
Woh baithgayi aur mei apni chair uske nazdeek le aaya.
Woh hassne lagi aur kaha
"Kya hua akele baithne mei darr lagrha hai"?
Aur mei sirf uski aankho mei dekhta raha.
Meine uska haath apne hath mei liya aur ek lambi saans
ke baad bayan kardia woh har ehsaas jisne mujhe kahi
raato se sone nahi diya tha.

Batadiya usse mera woh har khwab jo uske bina ab
adhura tha,
aur puchliya usse woh ek sawal,
jiske baad ya toh mei banjara ya phir pura tha.
Uss sawal ke baad kuch der tak sirf sanatta tha.
Woh mujhe aankhein badi karke bas dekhe jaarhi thi aur
achanak se rona shuru hogyi.

Mein ghabragya. Meine usse sahara diya par woh sirf

roti rahi.
Kuch der baad jab sab shaant hua,
toh usne mera haath pakda aur wohi kaha jiska mujhe
darr tha
"Tum mere bahot ache dost ho, par mei kisi aur se pyaar
karti hu."

Ek jhatke mei sab kuch maano bikhar sa gaya tha.
Uss waqt woh mere liye sirf woh nahi thi, woh mera sab
kuch thi.
Aur jab tumse tumhara sab kuch leliya jata hai,
toh khushi ke sath sath, jeene ki iccha bhi dhundhli
hojati hai.
Par inn jazbato ko ek muskurahat ke peeche chupakar
meine kuch nahi kaha,
aur hum dono ne faisla kara ki hum dost hi theek hai.

Par dosti ke rishte mei jab pyaar ghuljata hai,
toh dosti ka swaad dheere dheere feeka hojata hai.
Humare beech bhi duriya aese hee badti rahi,
woh apne boyfriend ke sath zyada rehne lagi aur phir
kuch samay baad meine bhi koshish karna band krdiya.
Par aaj bhi jab usse uske saath khush dekhta hu yehi
sochta hu,
Shayad meri mohabbat na muqambal hokar hi,
muqambal hogyi thi?

Remnants

I want to move on.
I 'need' to move on.
But how can I?
How should I get lost in her blue eyes while mine still
search for yours?
How should I obsess over her smile when my lips still
curl when I think about you?
She's here in my arms, waiting for me to hold her, and all
I can feel is the empty space you left when you left me.
When you left us.
And that is the problem.
She's everything, but she's not you.

Thand Ki Shyam

Chalo aaj phir shuru se shuruaat karein?

Iss thand ki shyam mei, do purane dost phir ek mulaakat
karein?
Jagah wohi, coffee wohi, aur log bhi, aaj beetein lamho
ko phir ek baar yaad karein?
Aur vaada hai mera ki hichkichahat se zyada baatein
hongi,
tumhari hotho par hassi aur dil mei wohi rahat hogi.
Koshish karu bhi toh bhi tumhari zulfein saware bina
mei reh nhi paunga,
aur agar uss dauran nazrein mili, toh shayad phir ek
naye rishte ki shuruat hogi?
Par iss baar koshish rahegi ki anjaam kuch alag ho,
tumhara haath kuch waqt ke liye nahi ab har pal mere
sang ho.
Taaki jee saku woh zindagi jiske sapne humne humesha
saath dekhe the,
warna kabhi phir kehna pade,

Chalo aaj phir shuru se shuruaat karein?

10

Safar

Safar karne walo ka bhi apna ek junoon hota hai.
Bina soche samjhe woh bas nikal padte hai na jaane kaha
unka safar unhe lejayega.
Usmei bhi yehi junooniyat thi.

Jab bhi pahado ki baat hoti thi toh uski aankhon mei ek
chamak si aajati thi,
maano uska shareer yehi tha par uska dil pahaado mei
basta tha.

Aur inn ichaao ke baare mei sunne ke liye paas wali gali
ki tapri humara exclusive spot hota tha.
Agar pahaadon mei uska dil tha, toh chai uski dhadkan
thi.
Mujhe kuch khaas pasand nahi thi chai,
par agar ek pyaali ke kaaran usko muskuraate hue
dekhne ko milta tha,
toh kuch chuskiya hum bhi maarlete the.

Unn kuch ghanto ke liye uska dil mei pahado se udhaar

le aata tha,
aur uski baatein sunte hue shyam raat mei kab badaljati
thi pata hi nhi lagta tha.
Baatein krte hue uski aankhon par girti zulfon ko uske
kaan ke peeche dabana,
bematlab kisi shabd ko lekar uska gaana shuru hojana,
aur meri chai peete hue jo shakal banti thi, uska mazaak
udaane mei,
pata hi nahi lagta tha kab alvida bolne ka waqt aajata
tha,
aur uske jaate hi agle shyam ki intezaar mei bechaini
hone lagti thi.

Har din shyam ke 7 bajte hi do chai ki pyaali aur mein,
uska aur uske kisso ka intezaar kar rahe hote the.
Sab kuch maano ek sapne jesa tha.
Par neend se kabhi na kabhi toh uthna padta hai janaab.

Jese jese mahine badte gaye, wese wese ghante ghatte
gaye.
Kisso ki jagah ab sirf ek ajeeb si khamoshi rehne lagi thi
humare beech.
Ab apni zulfein woh khud ki kaan ke peeche dabaliya
karti thi,
aur baatein batane se zyada apni ghadi par nazar rakhti
thi,
maano intezaar kar rahi ho lautne ka.

Rishte mei badlav maano biryani mei elaichi jese hote
hai,
pasand kisi ko nahi hote par woh aate zaroor hai.
Yeh bhi kuch wesa hi tha.
Pyaar kab anjaaniyat mei badalgya aur calls kab on-read
messages mei badalgyi, pata hi nahi chala.

Abhi bhi jab uss tapri se nikalta hu toh chai ki khushboo
uski yaad dila hi deti hai,
maano uss adhoore rishte ko puri karne ki aas mei baithi
ho.
Par woh kehte hai na agar kisi jagah par bahot der ke
liye theherjao toh waha se mann uthjata hai.

Shayad uska bhi mann kisi aur jagah lagna shuru hogya
tha,
ya shayad uske safar ka sirf ek hissa tha mei, manzil
nahi.

Jab se tum gaye ho

Jab se tum gaye ho, khudko khudse milana mushkil
hogya hai.
Jo akelapan kabhi ajnabi hua karta tha,
aaj woh roz shyam saath baithkar mera dard bantta hai.
Mein tumhe yaad nahi karta.
Iss jhuth ko sach mei badalta hua dekhne ki iccha mei,
shayad taah umar tumhe yaad hi karta rahunga.

Woh gaana yaad hai jisse bhejke tumne mujhse baatein
shuru kari thi.
Kitne khush hue the hum ki finally koi mila jiski pasand
humare jitni ajeeb hai.
Aur college mei pure din hum sirf wohi gaana gungunate
rehte the.
Uss gaane par meine tumse pehli baar apni mohabbat ka
ikraar bhi kara tha.
Woh gana ab mere mann ke kisi andhere kamre mei
band sa kardia hai meine.
Jhuthi tassali dene wale uske bol humesha kehte the ki
pyaar se mulaakat sabse haseen hoti hai.

Par yeh nahi bataya ki usse alvida bolne ka jab waqt aata
hai,
toh woh tumhare aaj ke saath saath tumhara kal bhi
saath lejata hai?

Aaj kal neend se bhi thoda anjaan hi rehta hu mei.
Neend aati zaroor hai par ek khauf rehta hai,
ki agar tum khwab mei aagyi toh aur neend tootegi,
toh yeh bichdan mujhse gawara nahi jayega.

Chahe woh mera soona kandha ho jispar kabhi tum
baatei karte karte yunhi sojaya karti thi,
mere gaadi ki bagal wali seat ho jispe najaane humne
kitne pal taseevro mei ked kiye the,
meri check shirt ho jismei se abhi bhi tumhari majoodagi
ki mehek aati hai,
ya mera phone ka auto correct, jo aaj bhi good night ke
baad tumhara hi naam suggest karta hai,
mere zindagi ke har ek pehlu ab pura hone ki aas mei
baitha rehta hai.

Jab bhi phone ki ghanti bajti hai, toh uske nazdeek jaate
hue abhi bhi dil ki dhadkan tez hojati hai,
iss aas mei ki shyaad aaj tumhara naam dikhega uspar.
Par agar dikha toh kahunga kya?
Humari aakhri baatcheet ke baad khamoshi ne shabdo ki
jagah aesi li hai,

ki shayad ek dusre ki saanso ko mehsoos karne ki jagah
aur kuch sunna naseeb na ho humei.
Par tum jaha bhi ho, ab lautkar mat aana.
Aaj 2 saal hogye hai humei bichde hue aur tumhari jagah
meine tumhari yaadon mei apna ghar sa basaliya hai.
Yaadein haseen hai, darr hai ki tum agar laut aayi, toh
yeh ghar ki neev na bikharjaye.
Ek din milenge,
Ussi gaane ko gungunate hue, tab tak ke liye, alvida.

Bikhra

Kyu kiya tumne aisa?
Haan tum mujhe jante nahi hoge par agar aaj tumhe
sachai se waqif nahi karaya,
toh shayad apne aapke saath jeena mushkil hojayega.
Tumne uska dil nahi toda.
Ishq mujhe pehle bhi hua hai aur mein jaanta hu,
ki agar kisi ke dil ke tukdo ko dhyan se pirou,
toh tum uss insaan ke adhoorepan ko mitaskte ho.
Par na jaane apni khudgrazi aur laparwahi se tumne
uska dil kis tarah toda hai,
ki adhurapan mitana toh dur,
tumhari yaadon ke zameen se uske bikhre hue tukde
iqattha karna bhi namumkin sa hogya hai.

Maana kaafi saal ka sath tha tumhara,
par mujhe laga agar usse tumse zyada chaahunga,
toh shayad uski muskurahat wapis laa paau.
Par uska dil ab itna sunn ho chuka tha ki pyaar toh dur,
usse adhurapan bhi mehsoos hona band hogya tha.

Haan woh bewaqt gaaane abhi bhi gaati thi,
par lafzo ko mehsoos karne ki bajaye uski aawaz mei ab
ek khaaalipan sa tha.
Sabke saath baithke hasti abhi bhi thi,
par uske aankhon ka noor ab kahi kho sa gaya tha.
Ab koi nazdeek aaye toh sehem si jaati thi,
koi haath thaame toh ghabra si jaati thi,
akelepan mei maano usne apna ek ghar sa basaliya tha.

Pyaar par se bharosa hata hota toh mei shayad wapis le
bhi aata,
par usne toh khud hi se umeed chod di hai.
Par fitoor maano ya mohabbat koshisho mei abhi bhi
kami nahi aayegi mere,
kyunki yehi toh farak hai hum dono mei,
Tum usse chahte ho, aur mein, uski khushi ko.

Compromises

There are no compromises in love.
It's pure, unfiltered, raw, fearless, painful, risky, but
beautiful.
Love demands everything, yet it never truly feels like a
demand.
It consumes you in ways you never expected, yet
somehow you surrender willingly.
You can compromise with each other, but never
compromise on love.
Love isn't about meeting halfway; it's about going all the
way, even when the road is uneven.
Because if you can't give your everything and more just
to be with her or to see her smile once,
Is it really love?
Or is it just the idea of love you are in love with?

Sapne

Sapne jesi lagti thi,
Ab sapna banke rehgyi.
Uss dafa tumhari aankhein,
Bina bole bahot kuch kehgayi.
Mere haath mei tera haath nahi,
Toh inn panno mei sahi,
Shayad inn shabdon mei kahi,
Ab tu mere saath thehergyi.
Sapne jesi lagti thi,
Ab sapna banke rehgayi.

Zindagi

Babumoshai, zindagi lambi nahi magar filmy zaroor honi
chahiye.
Thoda drama,
Bahot sara romance,
Kabhi kabhi action,
Aur har mod par ek zabardast plot twist!
Taaki zindagi ki iss bhaag daud mei bhi,
Jeene ka maza kabhi khatam na ho.
Aur kabhi ending ki chinta hone lge,
toh uska kya hai,
khudki kahani hai,
ending pasand nahi aayi, toh change kardenge.

Nazrein

Toh ek dafa unhone pucha,
"Kya abhi bhi pyaar karte ho mujhse?"
Toh meine hasske kaha ki,
"Lafzon se bayaan kari jaaye woh mohabbat hi kesi,
kuch waqt nazrein milaiye,
jawaab bhi miljayega,
aur shayad hum bhi."

Khafa

Mein tumhe 10 minute intezaar karwata tha toh tum itna
khafaa hojaati thi,
ki pura din nikaljata tha tumhe manaane mei.
Aaj 2 saal hogye hai tumhara intezaar karte hue,
agar mei khafa hojau,
toh manaane aaogi kya?

Namaujoodgi

Aasan nahi hai,
Tumhe uski baahon mein dekhna aur sochna ki,
Kabhi tum sirf mere saath sharmane par nazrein jhukaya
karti thi.
Par yeh dil kambhkat phir bhi issi aas mei baitha rehta
hai,
Ki jis din woh nazrei uthengi,
Toh shayad meri namaujoodgi mehsoos karke,
Ek baar phir woh mujhe dhunde?

Pretend

I can't unlove you.
I can't forget that strand of your hair that always
interrupted us while we talked,
your sleepy voice when we used to fight about who'll cut
the call first,
your secrets,
your quirks,
your smile,
your scent.
There should be an off button for feelings,
but till the time there isn't,
let's just pretend that I can.

Coffee

As the smell of freshly brewed coffee beans ensnares my
senses,
I'm taken back to the time when our fingers would touch
on the table and we would blush unknowingly.
We'd get so lost in our conversations that the coffee cup
would just be used to provide an excuse to stay at the
coffeehouse.
It's the same coffeehouse, and the same bitter coffee you
liked.
The only difference is that I'm holding onto that cup
today instead of your hands.
Sipping down whatever memory I have left of you.

Farq Hai

Farq hai.
Main waqt nikaalta hoon tumse baat karne ka,
Tum baat karti ho jab waqt hota hai.
Farq hai.
Main baal bikherke milta hoon taaki galti se hi sahi
tumhara haath unpar chale jaaye,
Par ab tum apni zulfein khud hi apne kaanon ke peeche
dabaleti ho.
Farq hai.
Main aaj bhi wohi geet gungunata hoon jo kabhi
tumhare saath suna karta tha,
Aur Tum roz naye suron mein naye saaz dhundh rahi
hoti ho.
Farq hai.
Main har mod pe ruk ke tumhari raahon ka pata poochta
hoon,
Tum seedha chali jaati ho bina mude dekh.
Main deta hu lakh bahane tumhe rokne ke,
Tum nayi wajayein dhundke mujhe roz chod jaati ho.
Toh farq toh hai.

Kyunki main aaj bhi tumhari yaadon se baatein karta
hoon,
Aur tum, kab ka mujhe yaadon mein badal chuki ho.

Bichhadna

Abhi kese bichhadgye hum,
abhi humei kitna kuch karna tha.

Kitni dafa tumhe gale lagake,
abhi humein kitni dafa sambhalna tha.
Tumhari inn aankhon mei dekhte dekhte,
abhi naajane kitni shaamo ko raaton mei badalna tha.
Tumhari muskurahat par abhi toh humei apna sab kuch
khona tha,
tumhare har ek ada par naajane kitni baar marna tha,
aur tumhara haath thaam,
abhi toh humei duniya se ladna tha.

Abhi kese bichhadgye hum,
abhi humei kitna kuch krna tha.

Raat

Shabdo ki zaroorat unhe hoti hai,
Jo rooh se ishq nahi karte.
Kabhi humaari mehfil mei baithiye,
unki aankhon se baatcheet mei raatein guzarjati hai.

Men in Love

Haan thode badnaam zaroor hai hum,
magar jo ladke pyaar mei hote hai na,
woh bahot khoobsurat hote hai.
Humari aankhon mei chamak hi alag hoti hai.
Raaton ko aankhon mein neend leke baithe hue hote hai
lekin tumhari awaaz sunne ki zidd karte hai,
aur subah uthte hi, meechi hui aankhon se tumhe good
morning text karte hai.
Kyunki humein pata hai,
jab tum apne bikhre baalon ke saath uthkar phone
dekhogi,
toh tumhare uss khoobsurat chehre par ek chhoti si
muskurahat aayegi,
aur bas ussi muskurahat se humari subah khoobsurat ho
jaayegi.

Aur tumhari yehi choti choti cheezon aur khushio ka
dhyan rakhna toh maano aadat hi banjati hai,
tumhe coffee kesi pasand hai se leke,
tumhare 'Sab theek toh hai' ke peeche ki problems

pehchaan jane tak,
ek waqt ke baad hum tumhe khudse zyada jaanne lagjate
hai.
Tabhi toh humara din kesa bhi raha ho,
agar tumhara din kharaab guzra ho,
toh koi dialouge nahi hai,
koi harkat nahi hai,
jo hum nahi karenge,
jisse tumhara mann shaant hojaye aur end mei hasste
hue sunne ko milee-
"Kya hai yaar tu?"
jiske baad reply mei tumhe humesha yehi sunne ko
milega
"Jo bhi hu tumhara hu."
Ab hum filmy bhi toh hote haina.

Par haan hum thode ajeeb bhi hote hai.
"Man of the relationship" ka title zaroor leke ghoomte
hai,
par pyaar ke baad hum sirf bachpane se bhar jaate hai.
Bheed mein tumhara haath pakadkar tumhe safe zaroor
rakhenge,
par jab akele honge,
toh tumhari hi godh mein sar rakh kar apne bikhre
baalon ko aur bhi bikharne denge,
yeh batate batate ki aaj humara din kesa raha.
Aur sach kehrha hu,

wesa sukoon na, humein kahi nahi milta.

Toh haan, jo ladke pyaar mei hote haina khoobsurat
zaroor hote hai.
Kyunki woh bas ek insaan se nahi,
uske hone bhar se mohabbat kar baithte hai.
Aur haan kabhi kabhi agar humara pyaar lafzon se
dikhana mushkil ho jaye,
toh humari aankhon mei dekhlijiyega,
agar bachpana dikha, toh mei tumhara,
agar pyaar dikha, toh tum humari.

Home

Call me dramatic, but I don't love you the way people
love each other.
I love you in the way I love that one song, you know? I
can play it over and over again, forever and still hear
something new each time.
I was fine before I met you, but seeing you laugh for the
very first time was like a Ved-Tara moment for me.
Suddenly, I knew why poets wrote about love and why
you don't find happiness in moments or things, but in
people.
Since then, every day you've given me a new reason to
obsess over you.
Whether it's the fact that you'll commit to being healthy
but still have a bite of the croissant if I'm the one feeding
you or the fact that you'll tell me how your day went in
extreme details and then suddenly turn into Shahrukh
Khan and say, "Tum bore toh nahi horahe na?"
unbeknownst to the fact that I could hear how you
couldn't find your driver and how he took the wrong
turn, for days and still ask "Aage kya hua?"

I could ramble about you and your smile, your sleepy
face, your crazy clubbing personality, and your obsession
over sugar-free chocolates and hazelnut coffee the entire
day, but I think the words might fall short. So if I had to
say one thing, I'd say this:
"In the end, you are the home I'd always want to return
to. No matter what."

Yaadein

Yaadein bhi kya ajeeb cheez hoti hai
Kaha iss sheher mei ghar dhundne aaya tha,
kaha uski yaadon ne pure sheher ko hi ghar banadiya
hai.
Kuch jagayein hoti toh shayad theek bhi rehta,
par ek dusre ki aankhon mei khote hue,
hum iss khoobsurat sheher ke har ek gali mei khoye hai.

Ab woh paas wali coffee shop sirf coffee shop nahi,
woh jagah hai jaha meine tumhe hazaaro baar apni iced
coffee ko less ice karwate hue dekha hai.
Ab woh paas wali market baakiyo ke liye shayad aam ho,
mere liye woh jagah hai jaha par meine tumhe pehli baar
jhumke dilwaye the.
Uss gali mei humare haath pehli baar takraye the,
uss ped ke neeche humne ek dusre ko jante hue ghnto
bitaye the,
aur "our spot" bolte hue,
iss pure sheher mei na jane humne kitne kisse bnaye the.

Ab waqt alag hai,
halaat alag hai,
par woh kehte haina,
sheher jitne bhi badal lo, makaan jitne bhi badal lo,
ghar jesi baat phir kahi aa nahi paati.